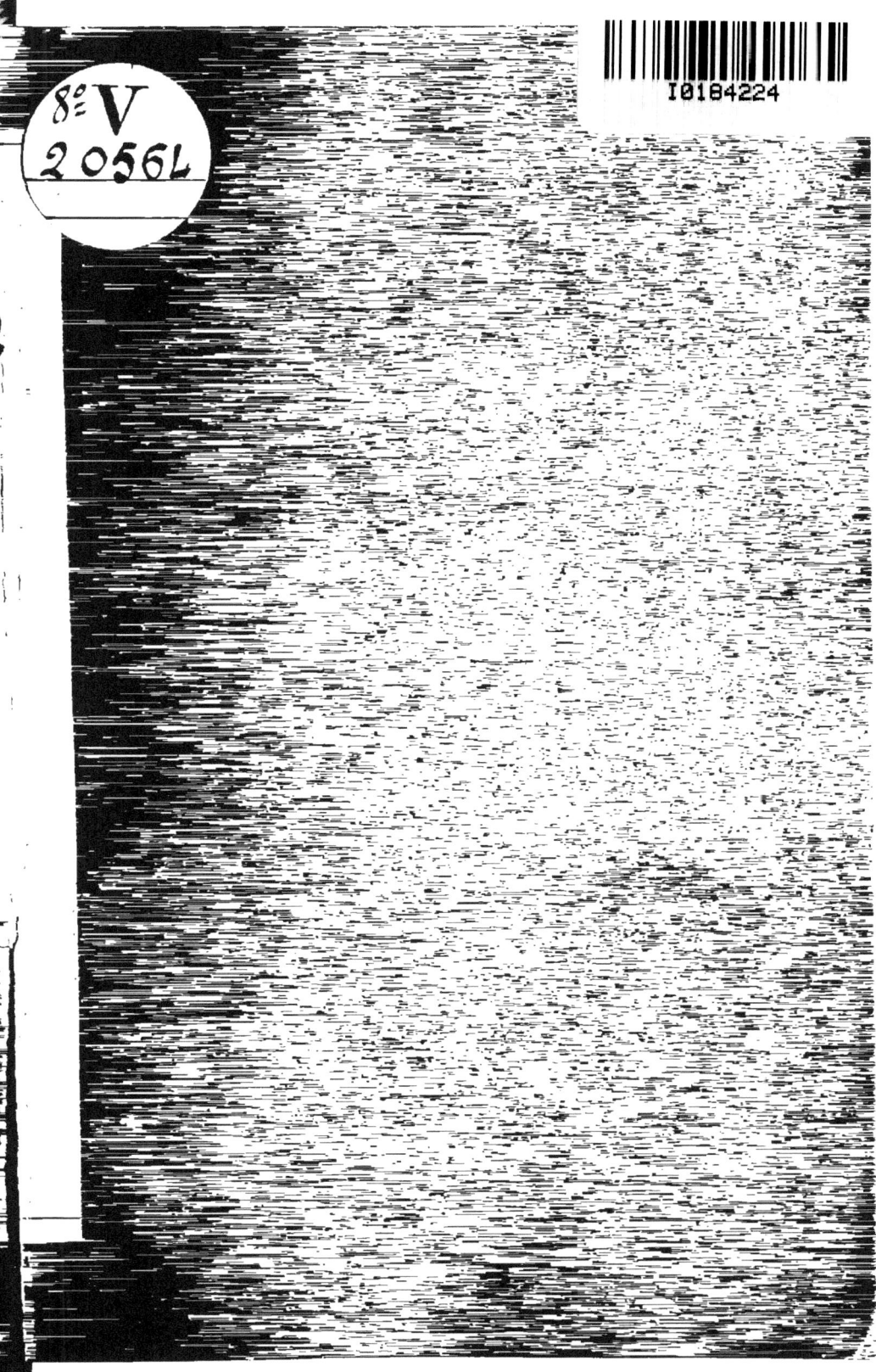

H. PARENT

DIRECTRICE DE L'ÉCOLE PRÉPARATOIRE AU PROFESSORAT DU PIANO
OFFICIER D'ACADÉMIE

EXPOSITION

DE MA

MÉTHODE D'ENSEIGNEMENT

POUR LE PIANO

> « Simplifier le travail par la
> « méthode ; développer l'initiative
> « personnelle de l'élève par l'étude
> « raisonnée. »
>
> H. PARENT.
> (*L'Étude du piano*)

PARIS

Maison MAHO	Henri THAUVIN
J. HAMELLE, Successeur	Éditeur de musique
22, BOULEVARD MALESHERBES, 22	36, BOULEVARD SAINT-MICHEL, 36

Prix net : 2 fr.

EXPOSITION

DE MA

MÉTHODE D'ENSEIGNEMENT

PARIS. — IMPRIMERIE P. MOUILLOT, 13, QUAI VOLTAIRE. — 84490.

H. PARENT

FONDATRICE-DIRECTRICE DE L'ÉCOLE PRÉPARATOIRE AU PROFESSORAT DU PIANO
OFFICIER D'ACADÉMIE

EXPOSITION

DE MA

MÉTHODE D'ENSEIGNEMENT

POUR LE PIANO

> « Simplifier le travail par la
> « méthode ; développer l'initiative
> « personnelle de l'élève par l'étude
> « raisonnée. »
> H. PARENT.
> (*L'Étude du piano*)

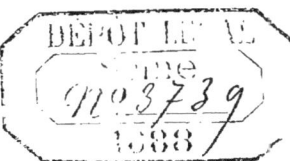

PARIS

Maison MAHO	Henri THAUVIN
J. HAMELLE, Successeur	Éditeur de musique
22, BOULEVARD MALESHERBES, 22	36, BOULEVARD SAINT-MICHEL, 36

Prix net : 2 fr.

ÉCOLE PRÉPARATOIRE AU PROFESSORAT
DU PIANO[1]

SIXIÈME ANNÉE

LEÇON D'OUVERTURE

EXPOSITION

DE MA

MÉTHODE D'ENSEIGNEMENT

CONSIDÉRATIONS GÉNÉRALES

Un ensemble de principes et de procédés formulés en corps de doctrine constitue ce qu'on appelle une *méthode*.

Pour juger une méthode, il faut examiner la nature du but qu'elle se propose et l'efficacité des moyens qu'elle emploie pour y parvenir.

Pour appliquer ensuite cette méthode avec intelligence et sûreté, pour se pénétrer de son véritable esprit, il faut l'avoir pratiquée soi-

---

[1]. J'ai fondé cette école en 1882. — On verra (page 75) le but de cette création.

même avec conviction et l'avoir choisie en connaissance de cause.

Or, pour que les jeunes aspirantes-maîtresses puissent, en toute liberté de conscience musicale, adopter ou rejeter la méthode d'enseignement qui est suivie à mon école, il est nécessaire que je leur dise préalablement en quoi elle consiste, quels en sont les traits caractéristiques et sur quels principes elle repose.

Avant de formuler cet exposé de principes, je crois devoir retracer, en quelques mots, les diverses phases par lesquelles a passé mon esprit au cours de ma carrière professorale.

Pendant les premières années qui ont suivi ma sortie du Conservatoire[1], exclusivement vouée à l'enseignement, j'ai vu passer entre mes mains une grande quantité d'élèves dont la diversité, pour l'âge et la nature, m'a fourni de nombreux sujets d'observations.

A cette époque, parcourant les routes tracées, je faisais faire à mes élèves ce que j'avais fait moi-même.

A mesure que l'expérience m'apportait ses clartés, des idées nouvelles surgissaient en moi, mes horizons s'élargissaient, des questions

---

1. Où j'avais obtenu les premiers prix d'harmonie et de piano.

qui ne m'avaient jamais préoccupée jusque-là s'imposaient à mon examen.

Je me demandais si les résultats obtenus dans la plupart des éducations musicales d'amateurs étaient en rapport avec le temps que l'on passe au piano et la peine que l'on y prend ; et, mon esprit subissant inconsciemment sans doute, le contre-coup du mouvement pédagogique du siècle, je m'étonnais que l'on n'eût pas encore appliqué à l'enseignement de la musique les procédés qui, par leur caractère général, sont de nature à être employés avec succès dans tous les ordres de connaissances.

Je constatais, par exemple, que le raisonnement, base de toute étude intellectuelle, ne tenait que fort peu de place dans l'étude et dans l'enseignement du piano.

On part, en général, de cette donnée, exacte au fond, que les aptitudes musicales sont innées, et l'on accorde à l'instinct, au sentiment, à l'inspiration, un rôle non seulement prépondérant, mais, pour ainsi dire, exclusif.

Assurément l'importance du rôle que joue l'instinct musical (sans lequel il n'y a point de véritable artiste) est chose indiscutable, mais les qualités de jugement et d'intelligence générale, bien loin de nuire au développement d'une organisation artistique, apportent précisément aux qualités natives de cette organisation le contrepoids nécessaire pour les équilibrer.

Que si, au contraire, l'instinct musical fait défaut ou n'existe qu'à l'état rudimentaire, (n'oublions pas que l'étude de la musique n'est plus l'apanage exclusif des élèves nés artistes), l'intelligence et le raisonnement peuvent, sinon combler cette lacune, du moins remédier, dans une certaine mesure, aux inconvénients qui en résultent.

L'esprit d'initiative, comme l'habitude du raisonnement, me paraissait manquer à la plupart des élèves. Beaucoup ne savent pas étudier seuls avec fruit. Très peu, même parmi ceux qui disposent de moyens d'exécution suffisants, sont en état d'apprendre un morceau sans le secours du professeur.

Malgré moi, un rapprochement se faisait dans mon esprit entre certains apprentis pianistes et ces boîtes à musique qui contiennent, à la vérité, un joli choix de morceaux se déroulant à l'occasion, mais dont le mécanisme ne peut être mis en marche que par une intervention étrangère.

Tous ces faits d'observation, répétés pendant des années, m'ont incitée à chercher, par l'expérimentation, des voies nouvelles.

C'est ainsi que j'ai été amenée à fonder mon enseignement sur un ensemble de procédés que je considère comme m'étant personnels, parce qu'ils ne m'ont jamais été transmis, qu'aucun ouvrage, à ma connaissance, n'en fait mention, et que je ne les ai jamais vu appliquer autour de moi.

Et d'abord, il y a un lien intime entre ma manière de comprendre l'enseignement et ma manière de comprendre la musique, considérée comme art d'agrément. L'étude du piano me semble devoir être, pour l'amateur qui s'y livre, non pas seulement un moyen d'obtenir quelques succès de salon pendant la période de l'éducation musicale, mais encore et surtout la source de jouissances personnelles plus élevées ; quelque chose de ce qu'est la lecture pour celui qui l'aime, un plaisir dont on peut jouir à tous les âges, un moyen de s'élever l'esprit, parfois même, pour l'âme, une consolation ou un refuge.

Or, si l'élève s'est borné à être un instrument entre les mains de son maître ; si, sans chercher à savoir pourquoi il fait telle chose plutôt que telle autre, il se laisse simplement *mettre des morceaux dans les doigts*, il les exécutera sans doute d'une manière satisfaisante, les ayant appris sous la direction de son professeur, mais il aura le même besoin des conseils de ce professeur pour tous les morceaux à venir ; n'ayant pas l'habitude de raisonner, d'analyser, de comparer, le jour où les leçons lui feront défaut, il sera complètement désorienté [1].

Si à ce manque d'initiative dans le travail se joint une insuffisance de lecture, si l'élève déchiffre péniblement et sans plaisir, comment, livré à lui-même, pourrait-il continuer à pratiquer un art dans lequel, désormais, il se sent impuissant ?

C'est là qu'il faut chercher le secret de tant d'avortements parmi les talents d'amateurs qui, après avoir présenté, pendant des années, toutes

---

1. Il y a un mal général dans l'éducation intellectuelle des jeunes filles, qu'il s'agisse de musique ou de toute autre étude : c'est qu'elles ne savent pas réfléchir. Or, comme d'autre part on poursuit en toute chose les résultats hâtifs, le professeur est forcément amené à « entonner » à l'élève un certain nombre de faits que sa mémoire retient, un certain nombre de morceaux de piano que ses doigts exécutent. L'élève paraît alors avoir l'esprit cultivé et semble être bonne musicienne. Mais tout cela n'est que le reflet du maître et disparaît avec lui.

les apparences de la solidité, s'effondrent du jour au lendemain [1].

Je crois donc qu'il faut, par tous les moyens possibles, développer l'initiative individuelle de l'élève, lui faire aimer la méthode et détester la routine, l'habituer à vouloir tout comprendre et à savoir tout raisonner.

Je crois que le professeur, tout en enseignant à l'élève la manière de jouer tel ou tel morceau et en accordant à la virtuosité une place importante, doit aussi se préoccuper de l'état général, pour ainsi parler, de l'élève, reprendre en sous-œuvre la cure de ses défauts, combler les lacunes qui peuvent résulter d'une première éducation musicale insuffisante, veiller enfin à ce qu'aucune branche des études ne reste en souffrance, et que la lecture, par exemple, soit cultivée à l'égal de l'exécution [2].

Je crois encore que le maître doit non seulement dire tout ce qu'il sait, se donner tout entier, se livrer sans réserve, mais encore faire profiter la masse des élèves de toute l'expé-

---

[1]. Je ne parle pas des élèves-artistes dont les études sont tellement sérieuses qu'elles finissent toujours par produire *quelque chose*, sinon *quelqu'un*.

[2]. C'est la seule garantie que l'on puisse prendre contre l'abandon définitif du piano après la période de l'éducation musicale.

rience qu'il a acquise, de toutes les découvertes qu'il a pu faire. Ce n'est qu'en jetant la semence à pleines mains et à tous les vents que l'on peut voir germer les idées que l'on croit fécondes et contribuer ainsi à l'avancement de l'art auquel on a voué sa vie.

Les leçons prises et données dans cet esprit deviennent un travail en collaboration aussi intéressant pour le professeur que fructueux pour l'élève.

A celui-ci de savoir étudier; de préparer son travail, en dehors du professeur et par ses seules lumières, au double point de vue de l'exécution et de l'interprétation, et de l'amener au degré de maturité voulu pour que les conseils artistiques qui lui sont donnés, à la leçon, par le maître, puissent lui être réellement profitables.

Au maître, il appartient d'aider l'élève à acquérir toutes les qualités qui sont le résultat du travail, de développer en lui les dons naturels, d'imprimer à l'ensemble des études une direction intelligente.

Le maître est l'initiateur qui doit ouvrir l'esprit de l'élève et y susciter le *vouloir comprendre,* qui, seul, peut conduire à l'initiative raisonnée.

Le maître doit aussi faire office de critique

éclairé et sévère, et, tout en aidant l'élève à dégager sa propre individualité, il doit le préserver des écarts d'une fantaisie mal réglée [1].

Et qu'on ne croie pas que cette méthode, fondée sur le raisonnement, soit difficile à pratiquer ; qu'on ne croie pas que les résultats en soient longs à obtenir ; qu'on ne croie pas surtout qu'elle soit aride pour l'élève.

Si l'enfant est dirigé ainsi dès le début, ses progrès sont plus prompts et plus sûrs ; il voit clair dans ce qu'il fait, il sait où il va, et, bien loin de le rebuter, cette méthode l'intéresse en donnant tout d'abord un rôle à sa petite personnalité.

Si, au contraire, après plusieurs années de travail machinal, l'élève cherche à sortir de l'obscurité où il tâtonne, l'initiation sera, sans doute, plus laborieuse (l'esprit qui dort depuis long-

---

[1]. Au premier abord, il semble qu'une telle manière de procéder ne soit compatible qu'avec l'enseignement supérieur. Il n'en est rien. A tous les échelons, l'enseignement peut être artistique, et, à tous les degrés de force, l'élève peut étudier dans le sens indiqué. Il ne s'agit que de lui en donner les moyens. Malheureusement, l'enfant est, trop souvent, mal commencé ; il travaille au hasard, change fréquemment de professeur, par conséquent de méthode, et le terme de l'éducation musicale est parfois arrivé avant qu'il y ait eu un but proposé et un plan arrêté.

temps ne s'éveille pas sans un effort) ; mais, une fois entré dans la voie du travail raisonné, l'élève s'étonnera d'avoir jamais pu procéder autrement.

Lorsque la culture d'un art a pris une assez grande extension pour qu'il lui soit fait une place dans le programme d'études de toute éducation libérale, il importe que les méthodes concernant cet art se modifient et se transforment dans le sens des idées générales, de manière à répondre à des besoins nouveaux. Or, de notre temps, toutes les jeunes filles, à tort ou à raison, apprennent le piano. Il faut donc que les méthodes d'enseignement pour le piano puissent s'appliquer avec succès à la majorité des élèves, c'est-à-dire à la moyenne des organisations, et que l'aptitude musicale ne soit plus considérée comme l'unique facteur à utiliser.

De plus, le programme des études classiques est infiniment plus chargé qu'autrefois. Il en résulte que le temps consacré à la culture des arts en général, et du piano en particulier, devient de jour en jour plus limité. Il faut donc que la méthode inculquée par le professeur soit plus serrée et le travail fourni par l'élève plus substantiel, afin qu'un maximum de progrès puisse être obtenu avec un minimum de temps.

Les organisations privilégiées, spécialement douées pour la musique, chercheront, dans l'emploi d'une méthode rationnelle, un moyen d'arriver plus vite et plus loin.

Pour les natures moins bien partagées au point de vue artistique, cette méthode qui développe l'intelligence et féconde le travail, leur donnera, avec la certitude de réussir, le droit d'aspirer au véritable talent.

EXPOSÉ DES PRINCIPES

Les principes d'une méthode raisonnée doivent être formulés avec précision et embrasser toutes les parties du travail, afin de ne laisser place à aucun doute dans l'esprit de l'élève, et d'apporter à chaque question une réponse, à chaque difficulté une solution.

De ces principes, les uns, qui ont pour objet le développement progressif de l'intelligence générale et du raisonnement, se rattachent à la pédagogie appliquée à la musique.

Les autres, qui ont pour objet le développement des aptitudes spécialement musicales, concernent la *virtuosité*, c'est-à-dire l'étude instrumentale du piano.

L'ensemble de ces principes forme la base

des études de l'élève-amateur comme de l'élève-professeur.

L'élève-professeur doit posséder à fond non seulement les principes de pédagogie qui lui serviront à diriger ses élèves futurs, mais encore les principes de virtuosité qu'il s'agira de transmettre à ces mêmes élèves par l'exemple comme par le précepte.

L'élève-amateur doit posséder non seulement les principes de virtuosité auxquels il doit conformer son exécution, mais encore les principes de pédagogie qui lui serviront à distribuer intelligemment son propre travail et lui permettront de se donner à lui-même *une leçon*.

PRINCIPES DE PÉDAGOGIE

(DIRECTION)

1

L'important, en toutes choses, est de bien commencer.

Inculquer à l'élève, au début d'une étude quelconque, non pas seulement des notions élémentaires concernant cette étude, mais les principes mêmes qui en sont les bases.

Dans les explications que l'on donne à un enfant sur un fait quelconque, il est essentiel de ne jamais dénaturer ce fait sous prétexte de le mettre à la portée de l'enfance.

On peut réduire, quand il y a lieu, les explications au strict nécessaire, mais en évitant de rien dire qui ne soit absolument vrai.

2

Amener l'élève à comprendre ce qu'il fait et à se rendre toujours compte de la raison pour laquelle il fait telle chose plutôt que telle autre.

Pour arriver à ce résultat, il est nécessaire que le professeur présente les faits dans un ordre parfaitement logique, en les déduisant les uns des autres ; qu'il condescende à démontrer les avantages des procédés qu'il recommande et les inconvénients de ceux qu'il proscrit ; enfin, qu'il interroge l'élève de façon à s'assurer que celui-ci a réellement compris.

Le travail machinal, ce fléau de l'éducation, non seulement fait perdre aux élèves un temps considérable, mais encore les rend impropres à toute étude élevée.

3

Mettre la direction des études de l'enfant en rapport avec son développement intellectuel et physiologique, de manière à ne lui demander que ce qu'il peut donner, mais tout ce qu'il peut donner.

Modifier cette direction au fur et à mesure que la nature morale et physique de l'enfant se transforme, afin que le temps soit toujours employé de la manière la plus utile.

L'enfant aime le nouveau et son esprit ne peut être, sans inconvénient, appliqué longtemps au même travail. On profitera de cette disposition inhérente à son âge pour le rendre bon lecteur et l'habituer à apprendre promptement. Cette manière de procéder développe la facilité de l'élève s'il en a, et lui en fait acquérir si la nature ne l'en a pas pourvu. D'ailleurs, lorsqu'un enfant a atteint, dans un morceau, le degré d'exécution que comportent son âge, son organisation et son caractère, il est rare qu'une étude prolongée amène un résultat favorable. Au lieu de faire des progrès dans l'exécution du morceau, l'enfant, selon son expression favorite, le « désapprend ».

La faculté de perfectionner, qui dénote une nature chercheuse, ne se rencontre que par exception dans l'enfance. En revanche, les enfants possèdent le sens inné de la correction. Pour la plupart d'entre eux, bien jouer, c'est jouer *sans fautes*. Il faut donc, dès le début, leur donner l'habitude et le goût de la parfaite correction, afin que cette qualité fondamentale se trouve être acquise au moment de l'éclosion artistique.

4

Intéresser l'élève à son travail; le conduire en satisfaisant d'abord, dans la mesure du possible, ses tendances individuelles, jusqu'à ce qu'il ait acquis assez de raison pour accepter un travail aride en vue du but à atteindre.

Pour que la leçon soit féconde, il faut que la volonté de l'élève et celle du maître soient à l'unisson.

S'il s'agit d'un enfant qui apprend le piano malgré lui, au lieu de lui imposer des études arides qu'il fera sans attention, par conséquent sans profit, il vaut mieux chercher d'abord à lui faire aimer la musique en lui choisissant des morceaux attrayants, en jouant à quatre mains avec lui, en lui apprenant surtout à déchiffrer couramment.

Pour l'enfant qui lit bien, la cause de la musique est plus qu'à moitié gagnée.

Nota. — A toutes les périodes de l'éducation musicale, il y a avantage à consulter l'élève pour le choix des morceaux qui ne sont pas obligatoires. Il est bon que l'élève manifeste des préférences pour telle musique, qu'il ait le désir de jouer tel morceau. Il formera ainsi, sous la direction du maître, son goût personnel.

5

Mettre le programme des études en rapport avec les aptitudes personnelles de l'élève, avec le but qu'il se propose et avec le milieu où il vit.

Une fois les principes fondamentaux bien établis et une certaine instruction musicale acquise dans toutes les parties du travail, on modifiera, s'il y a lieu, le programme des études. Il est très important de n'être pas systématique et de ne pas appliquer uniformément à tous les élèves le même règlement de travail et le même mode de leçons. Bien que l'unité de principes doive être absolue pour tous, amateurs ou artistes, il est évident que si le programme d'études est aussi chargé pour ceux qui étudient une ou deux heures que pour ceux qui passent chaque jour quatre ou cinq heures au piano, le résultat, pour les premiers, ne saurait être satisfaisant. Ils auront tout ébauché, ils n'auront rien approfondi.

Les élèves qui ne demandent à la musique qu'une jouissance personnelle ne doivent pas être dirigés comme ceux qui jouent du piano en vue des succès mondains. Les uns seront poussés plus spécialement dans la voie de la lecture, les autres dans la voie de l'exécution.

De même, si l'on préconise systématiquement soit les cours, soit les leçons particulières, on risque de ne pas appliquer à chaque élève l'enseignement qui convient le mieux à son caractère.

Les natures de combat que la lutte excite à l'effort sont faites pour suivre les *cours*. Les natures laborieuses et chercheuses, qui trouvent leur émulation en elles-mêmes, préfèreront les leçons particulières où le professeur peut prendre une plus grande influence sur son élève et lui donner beaucoup plus de lui-même.

6

Rattacher chaque cas particulier à la loi générale dont il relève.

La solution apportée à la difficulté immédiate éclaire le jugement à l'égard de tous les cas analogues qui se rencontreront ultérieurement.

Au lieu de dire à l'élève : « Vous exécuterez ce trille de telle manière », lui dire : « Chaque fois qu'un trille se présente dans telles conditions, il faut l'exécuter de telle manière. » Au lieu de dire : « Cette petite note doit être *brève* et cette autre *longue* », faire connaître à l'élève les règles générales qui s'appliquent à l'exécution des notes de goût, afin qu'il puisse les interpréter correctement de *lui-même*.

Les indications données sur *un* morceau servent ainsi pour *tous* les morceaux.

7

Aller du simple au composé ; par conséquent, mettre à l'étude chaque branche du travail séparément avant de la relier à toutes les autres.

Il est utile de simplifier l'étude du mécanisme des doigts en n'y ajoutant pas, dès le début, la lecture des notes, et de familiariser l'élève avec la lecture des notes sans la compliquer du travail des doigts [1].

Par cette manière de procéder :

1° L'élève n'est mis aux prises qu'avec une seule difficulté à la fois.

2° Chaque fait musical se trouve dégagé de l'obscurité qu'apporte forcément l'entourage d'autres faits d'ordre différent.

3° Le professeur peut insister sur le côté faible de l'élève en dirigeant son travail de préférence sur la partie qui a le plus besoin d'être étudiée.

Toutes ces parties se relient ensuite d'elles-

---

[1]. Voir « *Les Bases du mécanisme*, exercices élémentaires pour piano ».

mêmes dans l'esprit de l'élève, sans que le professeur ait à s'en préoccuper.

De plus, pour l'étude isolée de chaque branche, il convient d'adopter le genre de procédé le plus en rapport avec la nature de la branche étudiée.

Par exemple, pour la *lecture des notes*, qui relève des *yeux*, on adoptera un procédé fondé sur la mémoire des yeux[1].

Pour *l'intonation et le rythme*, qui relèvent de *l'oreille*, on adoptera un procédé fondé sur la mémoire de l'oreille, etc.

---

1. Voir « *Lecture des notes sur toutes les clés* ».

8

Étudier chaque partie du travail sous ses deux faces : la pratique et la théorie.

Suivant l'âge et la nature d'esprit de l'élève, on abordera simultanément la théorie et la pratique, l'une éclairant et complétant l'autre ; ou bien, selon l'adage pédagogique : « La chose avant le mot », on commencera par la pratique seule [1].

Dans l'étude de la théorie musicale, il est important de ne pas se contenter d'une simple *récitation*, qui ne met en jeu que la mémoire.

Les principes de la musique doivent être d'abord *compris*, ensuite *appris*, finalement *appliqués*.

Nota. — Il est utile (l'écriture musicale étant une convention) que l'élève soit familiarisé dès le début avec la figure, le nom et l'emploi des signes graphiques de la notation, afin que la lecture et l'écriture musicales lui soient, par là, facilitées.

[1]. Il convient surtout de procéder ainsi à l'égard des jeunes enfants.

Mais, d'autre part, il est non moins désirable que le professeur, tout en initiant l'élève à l'application pratique du signe qui parle aux yeux, lui fasse saisir par l'oreille et comprendre par le raisonnement le *fait musical* dont ce signe est l'expression.

9

Procéder par la synthèse lorsqu'il s'agit de théorie, par l'analyse lorsqu'il s'agit de pratique.

Il est plus facile pour l'élève de comprendre le système des clés lorsqu'on commence par lui montrer la *portée générale* qui les résume toutes au lieu de lui présenter chaque clé isolément, sans lien avec les autres. De même, il est plus facile de comprendre la raison d'être de chacune des différentes formes de mesures si l'on en étudie l'ensemble, plutôt que de se borner aux formes les plus usitées.

Au contraire, lorsqu'il s'agit, non plus seulement de comprendre, mais surtout d'apprendre, comme dans l'étude pratique du piano, on triomphe plus aisément des difficultés quand on les attaque isolément et successivement.

10

**Simplifier les difficultés stériles,
s'acharner aux difficultés fécondes.**

Telle chose difficile doit être étudiée, non comme but, mais comme *moyen d'avancement*. Par exemple, on fait du *contrepoint* pour acquérir de la dextérité de plume, pour apprendre à écrire facilement et à se jouer des entraves. Si l'on atténuait la difficulté dans ce genre d'exercice, le but ne serait pas atteint, puisque ce but est précisément la difficulté vaincue. C'est là ce que j'appelle une difficulté féconde.

Telle autre chose difficile n'est étudiée qu'en vue d'un but à atteindre. Par exemple, on apprend à lire sur les différentes *clés* pour *savoir* lire sur toutes ces clés. Si donc on peut simplifier cette étude fort aride et arriver plus vite et plus facilement au résultat voulu, ce sera, pour l'élève, une économie de peine et une économie de temps. (Avantage appréciable pour qui n'oublie pas que l'heure consacrée à telle étude est forcément retirée à telle autre.)

Ce genre de difficulté est ce que j'appelle une difficulté stérile. Dans le premier cas, l'intérêt se trouve dans le chemin à parcourir. Dans le second cas, l'arrivée à destination est, seule, importante.

11

Dans la pratique de tous les arts, il y a une part de métier.

Dégager cette part et en faire l'objet d'un travail spécial et matériel, afin que l'insuffisance du métier ne soit point un obstacle au libre épanouissement de l'art.

Les doigts du pianiste ne sont que les très humbles traducteurs de sa pensée; mais, pour ne pas trahir cette pensée, ils doivent être des serviteurs aussi habiles qu'obéissants.

12

Développer, chez l'élève, l'esprit critique, c'est-à-dire lui apprendre à juger.

Juger n'est pas ergoter.

Autant on doit prémunir l'élève contre la mauvaise habitude d'épiloguer sur tout ce que dit le professeur, de perdre le temps en discussions inutiles, autant on doit encourager ses « pourquoi » et ses « comment » et l'accoutumer à exercer sa faculté critique sur lui-même et sur les autres.

Nota I. — Pour procéder avec méthode dans cette éducation de son jugement, l'élève, chaque fois qu'il entendra jouer du piano, pourra avoir recours au questionnaire qui suit afin de se faire, d'après ses propres réponses, une *opinion personnelle* sur le talent de l'exécutant.

La qualité du son est-elle agréable à l'oreille?... Est-elle, à la fois, douce et sonore?...

Les nuances sont-elles expressives?... **Le style est-il simple et de bon goût?...**

L'exécution est-elle brillante?... Le mécanisme des doigts est-il irréprochable?...

La pédale est-elle employée avec tact et habileté, de manière à velouter le son, à le prolonger artificiellement, sans cependant amener aucune confusion pour l'oreille?

L'exécutant est-il maître de soi?... A-t-il de l'*autorité* dans le jeu?...

Le pianiste est-il moins préoccupé de faire de l'effet comme virtuose que de rendre fidèlement l'œuvre qu'il exécute, de la faire trouver belle?...

Tout en s'identifiant au style du compositeur qu'il interprète, le pianiste a-t-il cependant une manière de sentir qui lui soit propre? révèle-t-il une *individualité?*...

Le pianiste fait-il oublier la *matérialité* de l'instrument?... L'impression générale reçue par l'auditeur est-elle une impression de plaisir, de charme, d'émotion, ou bien seulement d'étonnement pour la difficulté vaincue?

Nota II. — L'élève s'exercera aussi à se juger lui-même avec impartialité.

Dans cet examen critique de son propre talent, il devra se garder autant de l'excès de modestie, qui devient de la défiance de soi et pourrait amener le découragement, que de la trop grande confiance en soi, qui résulte d'un amour-propre exagéré ou de l'absence de tout idéal artistique.

Pour faciliter cet examen, l'élève pourra se poser les questions suivantes :

Suis-je musicien autant que pianiste? sais-je déchiffrer correctement et facilement?...

Saurais-je apprendre un morceau et le jouer correctement sans le secours de mon professeur?...

La qualité de son que j'obtiens du piano est-elle agréable, douce et pourtant sonore?...

Mon rythme est-il parfait?...

Une accentuation intelligente donne-t-elle à mon exécution de la vie et de l'entrain?...

Ai-je un jeu expressif et musical, sans tomber dans l'exagération des nuances et dans l'abus des altérations de mouvement?...

Le mécanisme de mes doigts est-il suffisamment développé?... Mon exécution est-elle aisée, nette et sûre?

Ma mémoire est-elle satisfaisante?...

Sais-je employer la pédale avec discernement, ni trop, ni trop peu?... Ou bien mon inexpérience me condamne-t-elle à adopter cette devise : « Toujours ou jamais » ?...

Lorsque je me fais entendre, ai-je lieu d'espérer que l'auditeur reçoit réellement, en m'écoutant, l'impression agréable que la politesse l'oblige à faire paraître?... Ou bien dois-je craindre qu'il ne se dise, à part lui : Décidément, le piano est un instrument ingrat qui ne vaut pas le temps qu'on y passe...?

Lorsque l'élève aura acquis assez de talent pour pouvoir répondre affirmativement à toutes les questions qui précèdent, il devra élever le niveau de son idéal artistique et s'interroger au moyen du premier questionnaire.

PRINCIPES DE VIRTUOSITÉ
(EXÉCUTION)

Se proposer tout d'abord, comme objectif, le développement simultané et parallèle des trois branches de l'exécution.

1° La lecture courante à première vue [1].
2° L'exécution non perfectionnée, mais facile, et à très courte échéance [2].
3° Le perfectionnement, c'est-à-dire l'exécution aussi artistique que le comportent l'organisation musicale de l'élève et son talent acquis.

Il est indispensable que, dès le début de ses études, l'élève déchiffre régulièrement *tous les jours*. Si l'on ne procède pas ainsi, il s'établit

---

1. J'appelle lecture *courante*, celle où l'on doit, *avant tout*, jouer *couramment ;* par opposition à la lecture *exacte*, où l'on doit, avant tout, jouer *exactement*.
2. Ce que l'on pourrait appeler « débrouillage », si cette expression était admise.

très promptement un écart entre l'exécution et la lecture. Or, comme *on n'aime à faire que ce que l'on fait bien*, il en résulte que l'élève, au lieu de rechercher les occasions de déchiffrer, les évite systématiquement pour dissimuler son infériorité. L'écart devient de jour en jour plus considérable et l'élève doit renoncer à être jamais bon lecteur.

Au moyen du « débrouillage[1] », joint à la lecture à première vue, l'élève prend connaissance de l'œuvre symphonique et lyrique des grands maîtres, et, en général, de toute la musique qu'il ne doit point ignorer, mais qu'il n'a cependant pas le loisir d'étudier à fond.

C'est seulement quand un morceau est *su* que l'on peut commencer le travail spécial du *perfectionnement*.

Le jour où l'élève, par l'étude prolongée d'un morceau, au lieu de « désapprendre » ce morceau, y acquiert plus de fini et de charme, c'est un indice que cet élève est mûr pour le travail artistique et qu'il peut enfin apprécier ce « quelque chose d'achevé » qui distingue

1. Exécution non perfectionnée, mais facile et à très courte échéance.

l'exécution perfectionnée de l'exécution simplement correcte.

De ce jour, l'élève doit s'habituer à conserver dans ses doigts un certain nombre de morceaux et se constituer un « répertoire ».

Nota. — Il semble que, depuis une vingtaine d'années, il y ait, dans l'éducation musicale des amateurs, deux courants opposés. Les uns s'attachent exclusivement au perfectionnement, voient très peu de musique et déchiffrent à peine.

Les autres lisent beaucoup de musique, perfectionnent peu, apprennent rarement par cœur et ne sont presque jamais en état de faire entendre un morceau.

Les deux systèmes ont du bon. — Le malheur est qu'ils sont, en général, appliqués uniformément, l'un *ou* l'autre, *à tous les élèves*. La vérité n'est-elle pas entre ces deux excès et ne peut-on, même parmi les amateurs, former des élèves qui soient musiciens en même temps que pianistes, qui soient pianistes en même temps que lecteurs?

Les principes dont l'application mène au but proposé peuvent être formulés comme il suit :

1

L'ART D'ÉTUDIER, condition première et indispensable pour arriver au talent.

L'art d'étudier, sans lequel les heures passées au piano demeurent improductives, comporte trois qualités essentielles :

La conscience qui développe le sentiment de la responsabilité personnelle et donne à l'élève la volonté de bien faire.

L'intelligence, qui exclut toute étude machinale ou routinière.

L'esprit méthodique, qui permet de distribuer le travail avec sagacité et décuple le profit du temps consacré à l'étude [1].

Pour savoir étudier, il faut que l'élève possède théoriquement, par la mémoire, l'ensemble des principes de virtuosité qui doivent être la base de son exécution, et des procédés de travail au moyen desquels il arrivera à la mise en pratique des principes.

1. Voir l'*Etude du piano*.

Pour l'application judicieuse de ces procédés, il devra savoir distinguer, dans un morceau, la nature de chacune des difficultés qui s'y présentent, afin de pouvoir reconnaître une *même difficulté* sous les formes diverses qu'elle peut revêtir. Remontant alors à la règle générale qui régit ce genre de difficulté, l'élève trouvera immédiatement, de lui-même, le procédé de travail auquel il lui faudra recourir.

Nota. — En procédant ainsi, l'élève exercera à la fois et sa faculté de raisonnement et son esprit d'initiative. Si l'initiative naturelle, qui est un mouvement instinctif, lui fait défaut, il se contentera de l'initiative acquise, laquelle consiste à appliquer de soi-même à des cas nouveaux les procédés expérimentés déjà sur des cas analogues.

2

LA POSE DE LA MAIN et L'ATTAQUE DE LA TOUCHE, point de départ des études de virtuosité.

Pour l'enfant qui commence, la bonne pose de la main est de la plus haute importance, parce qu'elle contient, en germe, l'attaque de la touche. Or, c'est surtout par cette attaque que se distinguent les différentes écoles de piano.

L'élève doit étudier d'abord à fond l'*attaque liée*, base fondamentale d'une belle exécution. Puis, peu à peu, il devra être initié aux diverses manières d'attaquer la touche, afin de savoir les employer toutes à propos, selon l'effet qu'il voudra produire [1].

1. Voir *Les Bases du mécanisme*.

3

LA CORRECTION ABSOLUE, base de toute exécution, qu'il s'agisse de lecture, de « débrouillage » ou de perfectionnement.

La correction n'est pas, au point de vue artistique, une qualité de *premier ordre;* mais c'est la *première* qualité qu'il est nécessaire d'acquérir; non seulement parce que, sans elle, les qualités artistiques sont arrêtées dans leur développement, mais encore parce qu'il est impossible, avec un jeu incorrect, d'étudier fructueusement seul.

J'entends par jeu *correct*, non point la *correction* obtenue dans tel ou tel morceau par les rectifications multipliées du professeur, mais la correction spontanée de l'élève, inculquée au moyen d'un procédé spécial que j'appelle la *lecture exacte.*

4

LA LECTURE EXACTE, moyen d'arriver à la **correction absolue**.

J'appelle *lecture exacte* l'exécution absolument correcte *à première vue* de tout ce qui est écrit sur le texte musical : notes, mesure, accents, etc., etc. L'expérience m'a démontré que les élèves qui n'ont pas été soumis à un « dressage » spécial, lisent, les uns facilement, les autres difficilement, presque tous incorrectement. Or, dans la musique comme dans le langage, l'élève qui ne sait pas lire une leçon *sans fautes*, étudie ses fautes en étudiant sa leçon. Toute initiative lui est donc interdite. Il doit attendre que le professeur lui ait débrouillé son travail, et le professeur est forcément amené à la pratique du « serinage » (qu'on me permette ce mot). Si, au contraire, l'élève lit exactement de lui-même, il ne lui faut, pour étudier seul avec fruit, que la volonté de le faire [1].

Nota. — J'ai trouvé, au cours de mon enseignement, un procédé au moyen duquel l'élève, quel que soit son degré de force, peut, par une éducation spéciale de l'œil, *apprendre à voir*, par conséquent, être mis en état d'exécuter exactement, *à première vue*, tout ce qui est écrit sur le texte musical.

J'ai appelé ce procédé LECTURE EXACTE ; j'en ai parlé dans l'*Étude du piano* (ouvrage dont la première édition a paru en 1872) ; j'y ai initié tous les jeunes professeurs que j'ai formés depuis, et j'ai des raisons de croire que le mot et la chose ont actuellement pénétré dans le domaine public.

---

1. L'objet de la lecture exacte est moins d'apprendre à déchiffrer que d'apprendre à étudier. C'est un procédé de travail : la première étape par laquelle doit passer tout morceau à l'étude. Néanmoins la lecture proprement dite, ou lecture *courante*, bénéficie de toute la correction acquise par la pratique de la lecture exacte.

5

L'ACCENTUATION RYTHMIQUE, observée strictement dès la première lecture.

L'accentuation, dans le discours musical, répond à la ponctuation dans le discours littéraire ; elle est indispensable pour comprendre le sens musical de ce que l'on joue et le faire comprendre à l'auditeur [1].

Il est à remarquer que, lorsque l'élève a l'habitude d'observer l'accentuation de *lui-même*, il arrive à s'assimiler les indications du maître concernant les nuances d'une manière plus intelligente, et il les rend comme s'il les avait lui-même trouvées [2].

1. Voir *Rythme et Mesure*, 2ᵉ partie.
2. Voir *La Méthode dans le travail*, pages 2 et 5.

6

LE TRAVAIL LENT, FORT ET FRAGMENTAIRE, appliqué à l'étude de tout ce qui est **MÉCANISME**, qu'il s'agisse d'exercices, d'études ou de morceaux.

Au moyen de ces trois conditions : mouvement lent, sonorité forte et unie, division du morceau en courts fragments répétés en exercices, la netteté du jeu, l'égalité des doigts et la sûreté de l'exécution, ces qualités fondamentales de la virtuosité, sont mises à la portée de tout le monde.

Nota. — Ce procédé de travail, devenu depuis une vingtaine d'années un principe d'école, a été introduit dans l'enseignement par F. Le Couppey, qui fut le promoteur de nombreuses innovations dans la manière d'étudier et de jouer du piano.

7

LES QUALITÉS DE CHARME, DE SENTIMENT, DE STYLE, considérées comme des plus importantes.

Certaines organisations privilégiées possèdent, pour ainsi dire, *à l'état latent*, un toucher sympathique, une belle sonorité, un sentiment expressif.

Ces qualités doivent être développées avec soin chez les élèves qui en ont le germe, et acquises par les autres au moyen de divers procédés de travail. Par l'oreille, en écoutant les artistes dont le talent est fait surtout de charme et d'expression. Par le raisonnement, en se rendant compte de la nature des procédés à employer. Si l'on décompose les éléments dont est formé, par exemple, *un joli jeu*[1], on trouve qu'il y faut, indépendamment de la conformation plus ou moins favorable de la main, une certaine manière d'attaquer la touche, jointe à beaucoup

---

1. Cette locution est employée dans le sens de : *joli toucher*, comme l'on dirait : *joli timbre de voix*.

de souplesse. Or, une étude spéciale, intelligemment dirigée, peut mettre l'élève à même d'user de ces procédés. Sans doute, ces qualités acquises seront, si l'on veut, une *contrefaçon* des dons naturels et n'en auront pas le charme inné. Mais, comme il ne dépend pas de nous de naître avec des qualités artistiques, on doit s'estimer heureux de pouvoir, par le travail, se les assimiler dans une certaine mesure[1].

1. Voir *Le Charme dans l'exécution* (cet ouvrage paraîtra en 1889).

8

LA MÉMOIRE MUSICALE développée par l'exercice ou acquise par le travail.

Nombre de personnes croient que, si la mémoire musicale a été refusée par la nature, aucune étude ne peut obvier à cette lacune.

C'est là une erreur. La mémoire de l'*oreille* est, en effet, un don naturel, mais la mémoire de tête ou de *raisonnement* s'acquiert au moyen de certains procédés de travail et peut, par un développement régulier, devenir d'une sûreté parfaite [1].

Nota. — C'est sous l'influence de F. Le Couppey que s'est produit, à Paris, le mouvement d'opinion qui a amené presque tous les pianistes à jouer par cœur. A l'époque où j'ai obtenu le premier prix de piano au Conservatoire, plus de la moitié des élèves jouaient encore avec la musique sous les yeux [2].

1. Voir *La Méthode dans le travail*, page 6.
2. L'usage d'exécuter de mémoire a été introduit en Allemagne, à peu près au même moment, par Mme Clara Schumann, née Wieck.

9

UN COURS COMPLET D'EXERCICES appliqué à toutes les difficultés inhérentes à la virtuosité (mécanisme des doigts, rythme, nuances, emploi de la pédale), chaque formule d'exercice ne s'appliquant qu'à **UN SEUL PRINCIPE** et ne présentant qu'**UNE SEULE DIFFICULTÉ**.

Les élèves admettent, en général, la nécessité de développer, au moyen des exercices, les qualités du mécanisme des doigts telles que l'égalité, la netteté, la rapidité, etc.; mais l'étude des difficultés provenant du rythme, de la sonorité, des nuances, de l'emploi de la pédale, ne leur semble trouver sa place que dans le travail des morceaux ou dans celui des *Études* spéciales de rythme et d'expression.

Or, ces difficultés, sans relever directement et exclusivement du mécanisme proprement dit, contiennent cependant une part de difficulté matérielle.

Exemples : Dans l'emploi de la pédale, il y a :

1° L'opportunité de l'emploi (question de raisonnement) ;

2° L'indépendance et la dextérité du pied (question de mécanisme).

Dans l'exécution des nuances, il y a :

1° L'expression (question de sentiment musical) ;

2° L'habileté d'attaque dans les dégradations de la sonorité (question de mécanisme).

Dans les accents contrariés qui se rencontrent dans maintes combinaisons rythmiques, il y a :

1° La mesure (question d'oreille) ;

2° L'indépendance d'attaque (question de mécanisme).

Nota. — Pour faire étudier *cette part* de difficulté matérielle, j'ai recours à la forme « exercice » de préférence à la forme « étude ».

Cette manière de procéder est fondée sur les raisons suivantes :

Dans les études spéciales de rythme ou d'expression, les difficultés matérielles qui relèvent de l'expression ou du rythme, revêtent la forme imposée par la contexture de la phrase musicale.

La difficulté qu'il s'agit de vaincre ne s'en dégage pas toujours clairement, et l'élève en est forcément distrait par l'ensemble de l'exécution.

La forme indépendante de l'*exercice* permet, au contraire, de présenter chaque difficulté *à nu*, ce qui fait que l'élève la comprend mieux ; de la faire étudier *isolément*, ce qui amène l'élève à en triompher avec moins de peine ; de l'introduire dans une courte formule pouvant être étudiée *dans tous les tons*, ce qui familiarise les doigts avec toutes les combinaisons de touches blanches et de touches noires et accoutume l'oreille à toutes les tonalités.

Les difficultés de mécanisme que présentent le rythme et l'expression une fois vaincues au moyen des exercices, les recueils d'*Etudes*, où le sentiment musical vient, à son tour, jouer un rôle, reprennent leur place naturelle de *trait d'union* entre les exercices et les morceaux.

10

UN CAPITAL DE TALENT acquis au moyen du **COURS COMPLET D'EXERCICES.**

De cette manière, l'élève, au lieu d'atteindre péniblement, dans chacun des morceaux à l'étude, au degré de virtuosité nécessaire à l'exécution de ce morceau, peut affecter à toute exécution, qu'elle qu'elle soit, la somme de virtuosité qui représente ce que l'on pourrait appeler les *revenus* de son capital de talent.

Il est à peine besoin de faire remarquer qu'en procédant ainsi, la somme de travail matériel que réclame l'étude de tout morceau de piano se trouve considérablement diminuée, au grand bénéfice du travail artistique.

11

L'ÉCLECTISME dans le choix de la musique à jouer et à faire jouer aux élèves.

Ne pas oublier que tels modernes d'aujourd'hui pourront être des classiques demain; — mais chercher toujours dans l'étude des anciens maîtres la base de tout enseignement sérieux — et l'achèvement de toute éducation artistique [1].

Nota. — Il serait désirable que le professeur, non seulement fît jouer à l'élève les chefs-d'œuvre des maîtres classiques du piano, mais encore lui apprît à aimer ces maîtres, à les comprendre, à les distinguer les uns des autres par leurs beautés géniales et ce tour particulier qui est propre à chacun d'eux.

Cette *critique d'art*, mise à la portée des élèves, serait une manière de leur former le goût et d'ouvrir leur âme à l'admiration du beau, sous quelque forme qu'il se présente [2].

---

1. Les éditions classiques revues et doigtées par Le Couppey et Marmontel ont été pour beaucoup dans la propagation de la musique classique en France.
2. C'est ce qui se fait dans tous les cours de littérature.

12

LA PERSONNALITÉ DE L'ÉLÈVE recherchée et développée par le maître.

Il est important que le professeur sache reconnaître le plus tôt possible que son élève a ou n'a pas en lui l'étoffe voulue pour devenir un artiste.

L'élève chez lequel on remarque, dès l'enfance, quelque chose de personnel, doit être conduit d'une main légère, souvent par des moyens adaptés spécialement à sa nature. En l'assujettissant strictement et étroitement à la règle commune, on risquerait, dans certains cas, d'étouffer dans son germe ce don si précieux.

C'est par le travail de perfectionnement que l'élève arrive à dégager sa personnalité. Le perfectionnement est la recherche d'un idéal artistique. Or, ce n'est que par la poursuite incessante de cet idéal que l'on arrive parfois à s'en approcher.

Le professeur, dans ce cas, doit éviter d'imposer à l'élève une interprétation toute faite pour chaque note du morceau à l'étude, et, au contraire, le pousser dans la voie des trouvailles personnelles, tout en le maintenant, par une critique sévère, dans le respect de la tradition.

Le professeur, en transmettant à l'élève l'ensemble des qualités qui caractérisent son école, le marque, en quelque sorte, de son empreinte.

Mais l'élève bien doué ne se contente pas d'être un reflet de son maître. Il s'assimile les qualités transmises, les fond, pour ainsi dire inconsciemment, avec les qualités natives qui sont en lui et, une fois parvenu à la pleine possession de son talent, il affirme, à son tour, sa propre personnalité.

En terminant cette exposition de ma méthode d'enseignement, qu'il me soit permis d'en résumer l'esprit dans une formule qui a été ma constante devise :

Toutes les leçons du maître doivent tendre à ce but : apprendre à l'élève à se passer de lui.

Hortense PARENT.

Note de l'auteur. — J'ai publié, pour l'enseignement du piano, un ensemble d'ouvrages didactiques conçus et écrits d'après les principes de ma méthode.

Ce **Cours de Piano**, ne comprenant que des *Exercices*, demeure compatible avec les recueils d'Études des compositeurs les plus divers.

Chacun des ouvrages de ce **Cours** a (en vertu du principe VII de pédagogie [1]) un objet spécial indiqué par le titre. L'étude qui y est traitée, *mécanisme des doigts, rythme et mesure, lecture des notes, etc.*, y est commencée à son point de départ et développée méthodiquement du *très facile* au *très difficile*.

Chaque ouvrage se divise ainsi en plusieurs *Parties* correspondant aux différents degrés de force des élèves : primaire, secondaire, supérieur, et chacune de ces Parties est publiée séparément.

De plus (conformément au principe VIII de pédagogie [2]), chaque branche des études est présentée d'abord au point de vue pratique (exercices au piano), ensuite au point de vue théorique (principes et application).

L'ensemble de ces deux études (pratique et théorie), qui peuvent, selon l'avis du professeur, être abordées, soit concurremment, soit successivement,

---

[1] « Aller du simple au composé, par conséquent, mettre à l'étude *chaque branche séparément* avant de la relier à toutes les autres. »

[2] « Étudier chaque partie du travail sous ses deux faces, la pratique et la théorie. »

constitue ce que l'on pourrait appeler le *Solfège des pianistes* [1].

Bien qu'il y ait un lien entre tous les ouvrages de cette collection, chaque ouvrage, formant un *tout* complet, peut, au besoin, être détaché de l'ensemble et adopté exclusivement, sans qu'il se produise aucune lacune.

L'étude du mécanisme, celle du rythme et celle de la lecture, devant être conduites de front, il sera utile d'aborder *simultanément* les recueils qui traitent de ces diverses matières. Pour l'ordre de leur enchaînement, on consultera le tableau synoptique (page 84) qui fait suite au catalogue des ouvrages. Voir ci-contre.

---

1. Voir la théorie de la tonalité dans la troisième partie de *Gammes et Arpèges*; la théorie du système des clés dans la deuxième partie de *Lecture des notes*; la théorie des valeurs et des mesures dans la deuxième partie de *Rythme et Mesure*; la théorie de l'accentuation rythmique dans la quatrième partie du même ouvrage.

GAMMES ET ARPÈGES

Pour Piano, en trois Parties.

L'ouvrage complet : Prix : **18** francs.

TABLE DES MATIÈRES

1re PARTIE (*moy. diff. et ass. diff.*).

Conseils généraux sur l'étude du mécanisme.
Exercices préparatoires aux gammes.
Gammes diatoniques, par mouvement droit et par mouvement contraire.
Exercices préparatoires aux gammes chromatiques.
Gammes chromatiques, par mouvement droit et par mouvement contraire.
Étude des accords plaqués (base des arpèges).
Exercices sur l'accord parfait majeur et mineur et ses renversements.
Exercices sur l'accord de septième de dominante et ses renversements.
Exercices sur l'accord de septième diminuée et ses renversements.
Exercices préparatoires aux arpèges.
Arpèges en accords parfaits majeurs et mineurs.
Arpèges en accords de septième de dominante.
Arpèges en accords de septième diminuée.
Les mêmes accords en arpèges *brisés*.

2e PARTIE (*diff. et très diff.*).

33 exercices spéciaux sur la forme générique de la gamme et de l'arpège, à jouer dans tous les tons.
Note sur la transposition des exercices.

3e PARTIE

I. — Analyse raisonnée du doigté traditionnel des gammes et des arpèges.
II. — Questionnaire sur les principes de la tonalité moderne.

LES BASES DU MÉCANISME [1]

Exercices élémentaires pour Piano,
en cinq Parties.

L'ouvrage complet : Prix net : **7** francs.

(Cet ouvrage convient à l'enfant qui commence et
à l'élève qui *recommence* [2].)

La Ire Partie . . . . Prix : **6** fr.
Les IIe, IIIe et IVe Parties réunies . . . . Prix : **15** fr.
La Ve Partie . . . . Prix : **12** fr.

1re PARTIE. — **Exercices préliminaires
à étudier
dès la première leçon de piano.**

Premiers exercices à main fixée.
Exercice pour la correspondance de la portée et du clavier.
Exercices avec notes et doigts différents à chaque main.
Exercices pour apprendre à compter.
Exercices sur les silences.

---

1. Cet ouvrage est aussi élémentaire qu'une *Méthode* et peut en tenir lieu.
Le mot *Méthode* est pris ici dans le sens de : *cahier élémentaire pour les commençants*. Il est à remarquer que les méthodes de chant, de violon, d'harmonium, etc., etc., prennent l'élève au début de ses études et le conduisent jusqu'à leur terminaison. Telles étaient aussi les anciennes méthodes de piano écrites à l'époque où *tout le monde* n'apprenait pas le piano. Actuellement, la plupart des recueils appelés « méthodes de piano » ne représentent que la première étape des études de l'enfant et sont destinées à ne rester que peu de temps entre ses mains.
Elles ne présentent, par conséquent, que des notions élémentaires.
2. En vertu du principe I de pédagogie.

2ᵉ PARTIE. — **Exercices sur la tonalité.**

Formules tonales à jouer dans tous les tons.
Gammes diatoniques écrites sur claviers.
Exercices préparatoires au mode mineur.
Exercices sur l'accord parfait dans les deux modes, à jouer dans tous les tons.
Exercices sur l'accord de septième de dominante.

3ᵉ PARTIE. — **Exercices pour l'indépendance des doigts.**

Exercices avec un doigt tenu.
— avec deux doigts tenus.
— avec trois doigts tenus.
Par mouvement contraire et par mouvement droit.

4ᵉ PARTIE. — **Exercices sur les différentes combinaisons du doigter.**

Emploi des cinq doigts dans leur succession naturelle.
Substitution des doigts.
Rapprochement des doigts.
Passage du pouce.
Changement de doigt sur la même touche.
Écartement des doigts.

5ᵉ PARTIE. — **Exercices divers, préparatoires à l'exécution des morceaux.**

1ʳᵉ série. — Tierces.
2ᵉ série. — Rythme.
3ᵉ série. — Emploi des touches noires dans le genre chromatique.
4ᵉ série. — Deux parties pour chaque main.
5ᵉ série. — Attaque de la touche (attaque liée, piquée, portée).
6ᵉ série. — Accentuation.
7ᵉ série. — Nuances.
8ᵉ série. — Groupetto.
9ᵉ série. — Trille et mordant.
10ᵉ série. — Accacciatura et appoggiature (petites notes brèves et longues).
11ᵉ série. — Justesse et rapidité.
12ᵉ série. — Changement de main dans un même trait. Croisement des mains.

RYTHME ET MESURE

Exercices pour Piano, en quatre Parties

L'ouvrage complet : Prix net : **10** fr.

Première Partie séparée . . . . **10** fr.
Chacune des trois autres Parties . . . . **12** fr.

1ʳᵉ PARTIE. — Exercices préparatoires
(très fac. et fac.).

Exercice sur la durée proportionnelle des sept valeurs.
Les sept silences.
Les valeurs pointées.
Les silences pointés.
Le triolet.
Les triolets avec silences.
Le double point.
Les quatre formes de mesures simples et composées à deux
    temps — à trois temps — à quatre temps.
Le point d'orgue et le point d'arrêt.
La subdivision des temps.
Le contre-temps.
La syncope.
Le sixain et le triolet double.
Le duolet et le quartolet.

Nota. — Les exercices de cette Partie, très simples de forme, sont surtout destinés à *faire comprendre* les différents faits de valeur, de mesure et de rythme. Ils conviennent à l'enfant qui commence et à l'élève qui *recommence*. Ce dernier pourra se contenter de les lire, réservant son travail pour les exercices des Parties suivantes.

2ᵉ PARTIE. — I. Exercices d'accentuation et de mesure (*moy. diff.*).

Changements de mesure à même mouvement.
Exercices sur les rythmes à mesure initiale incomplète.
Exercices sur l'accentuation rythmique.
Exercices sur la répartition des valeurs entre les temps de la mesure.

II. Théorie des valeurs, de la mesure, des mesures et des différentes combinaisons de rythme usitées en musique.

3ᵉ PARTIE. — 66 Exercices de rythme, dans toutes les formes de mesures, à étudier dans tous les tons (*ass. diff. et diff.*).

4ᵉ PARTIE. — I. Exercices sur les divisions irrégulières du temps, avec rythme différent aux deux mains (*diff. et très diff.*).

Vitesse proportionnelle de deux, trois, quatre, cinq, six, sept et huit notes égales par temps.
Deux notes égales par temps à une main, contre trois notes égales par temps à l'autre main.
Deux notes égales contre cinq notes égales.
Deux notes égales contre trois, quatre, cinq, six, sept et huit notes égales.
Trois notes égales par temps à une main, contre quatre notes égales par temps à l'autre main.
Trois notes égales contre cinq notes égales.
Trois notes égales contre deux, trois, quatre, cinq, six, sept et huit notes égales.
Quatre notes égales par temps à une main, contre cinq notes égales par temps à l'autre main.
Quatre notes égales contre deux, trois, quatre, cinq, six, sept et huit notes égales.

II. Théorie de l'accentuation rythmique au point de vue de l'exécution des morceaux de piano.

LECTURE DES NOTES
SUR TOUTES LES CLÉS

Méthode nouvelle fondée sur la mémoire des yeux (analogue à l'emploi des *cartes* dans l'étude de la géographie), en trois Parties.

L'ouvrage complet, prix net : **8** francs

Première Partie séparée . . . . 9 fr.
Chacune des deux autres Parties. . . . . 12 fr.

1re PARTIE. — **Étude de la clé de sol, 2e ligne, et de la clé de fa, 4e ligne** (*à l'usage des commençants*).

2e PARTIE. — I. **Tableaux de lecture sur toutes les clés.**
  II. **Théorie du système des clés.**

3e PARTIE. — I. **Méthode pratique de transposition.**
  II. **Théorie de la transposition.**

NOTICE
EXTRAITE DE L'INTRODUCTION DE CET OUVRAGE.

« Il n'est difficile pour personne de trouver le nom des notes en prenant le temps de faire le calcul nécessaire.

Il est, au contraire, difficile pour presque tout le monde de lire les notes couramment à livre ouvert sur toutes les clés.

L'œil met un certain temps à se créer des points de repère dans une portée où toutes les lignes sont semblables, où toutes les notes sont de même couleur. Et, chaque fois qu'une clé nouvelle est à l'étude, non seulement l'élève, pour éviter la confusion, doit, en quelque sorte, oublier la clé qu'il sait, mais encore, le professeur est, en général, obligé de surmonter d'abord chaque note de son nom afin d'aider les yeux à voir, par exemple, la note *sol* à la place où précédemment ils voyaient la note *mi*.

Les formes et les couleurs se fixent, au contraire, dans la mémoire d'une façon indélébile, et alors même que matériellement elles disparaissent, l'œil continue à les voir à la place qu'elles occupaient.

J'ai donc imaginé d'appliquer sept couleurs différentes aux sept notes de nom différent afin que, sur la portée, chacune d'elles puisse être instantanément distinguée des six autres au moyen de la couleur qui lui est exclusivement attribuée.

Il faut voir, dans cette innovation, un moyen d'arriver plus promptement et plus facilement à la lecture sur les portées ordinaires.

L'emploi de notes et de portées coloriées permet d'embrasser d'un seul coup d'œil l'ensemble des notes d'une clé ou le rapport de deux clés entre elles: l'élève peut donc, en quelques jours de travail, se créer des points de repère qui l'aident ensuite à s'orienter dans les portées noires, dont l'étude a lieu concurremment.

De plus, les exercices de lecture présentés en double, d'un côté coloriés, de l'autre non coloriés, fournissent, en même temps, la leçon qu'il s'agit de lire ou d'écrire et le *corrigé* de cette leçon. L'élève peut ainsi étudier seul sans craindre les erreurs.

Enfin, si l'élève est un enfant, les couleurs amusent ses yeux et, par cette porte, entrent et se fixent dans son esprit. »

Chaque couleur désigne un *nom précis de note*, quelle que soit d'ailleurs la fonction musicale de la note en question. La couleur représente une *syllabe*, rien de plus.

Rouge signifie invariablement		ut.
Orangé	—	ré.
Jaune	—	mi.
Vert	—	fa.
Bleu	—	sol.
Indigo	—	la.
Violet	—	si.

Bien loin qu'il faille plus de temps pour apprendre ces deux choses : les couleurs et la place des notes sur la portée, c'est par les premières que l'on retient la seconde puisque chaque note, par sa couleur, *dit* son nom.

Exemples pris dans la 1ʳᵉ partie.

Exemples pris dans la 3ᵉ partie.

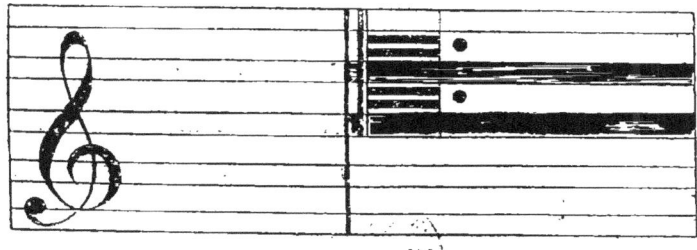

Par la substitution des couleurs, l'œil se rend compte instantanément de la substitution des notes amenée par la transposition.

OUVRAGES POUR

LA MÉTHODE DANS LE TRAVAIL

Conseils techniques à appliquer à l'étude de tout morceau de piano [1]:

Prix net : **1** fr. **50**.

Comment l'élève doit déchiffrer un morceau destiné à être appris.

Comment l'élève doit étudier ce morceau au point de vue du « débrouillage »,

> du mécanisme,
> des nuances,
> du mouvement,
> de la mémoire,
> du perfectionnement,
> de la conservation,

avec les « pourquoi » des conseils donnés.

[1]. L'élève doit se pénétrer de ces conseils, au besoin les apprendre par cœur, et les mettre en pratique de *lui-même*.

VINGT ANALYSES

DE MORCEAUX CLASSIQUES

**Pris comme exemples pratiques de la
« Méthode dans le travail »**[1].

Chaque analyse, prix net : **50 cent.**

Sonate en si ♭ op. 41	STEIBELT (fac.)
Le Petit Rien.	CRAMER (fac.)
Sonate en sol majeur, op. 49, n° 2.	BEETHOVEN (fac.)
Thème varié en ut.	HAYDN (fac.)
L'Adieu	DUSSEK (moy. diff.)
Deux Nocturnes (1er et 5e) . . .	FIELD (moy. diff.)
Rondo en ut, op. 51	BEETHOVEN (moy. diff.)
Gavotte variée en sol	HAENDEL (moy. diff.)
Air varié en mi.	HAENDEL (assez diff.)
Valse en ré ♭, op. 64, n° 1 . . .	CHOPIN (diff.)
Rondo brillant en mi ♭, op. 62.	WEBER (très diff.)

Nota. — Ces onze analyses sont déjà publiées. — Les neuf suivantes paraîtront dans le courant des années 1888 et 1889.

Sonate en ré maj., op. 21 . . .	CLEMENTI (moy. diff.)
Menuet du bœuf.	HAYDN (moy. diff.)
Sonate en si ♭ maj. op. 9 . . .	DUSSEK (moy. diff.)

[1]. Pour que le professeur puisse, *à la leçon*, s'occuper de l'interprétation artistique du morceau, il est indispensable que le travail instrumental préparatoire ait été fait préalablement par l'élève, *en dehors de la leçon*.

Sonate en *ut* maj. . . . . Mozart (moy. diff.)
Sonate en *sol* maj. op. 79 . . . Beethoven (assez diff.)
Valse en *la* min. op. 34, n° 2. . Chopin (assez diff.)
Invitation à la valse. . . . . . . Weber (diff.)
Fantaisie en *ut* mineur . . . . Mozart (diff.)
Rondo capriccioso. . . . . Mendelssohn (diff.)

Nota. — Ces analyses présentent l'application, *sur un morceau déterminé*, de tous les conseils techniques formulés d'une manière générale dans La Méthode dans le travail. — L'élève devra déchiffrer et étudier le morceau analysé en suivant, paragraphe par paragraphe, les instructions de l'analyse. Lorsqu'il aura appris un grand nombre des morceaux indiqués ci-dessus, en *s'aidant toujours de l'analyse*, l'élève se sera certainement assimilé les procédés méthodiques qui rendent le travail fructueux, et il saura appliquer ces mêmes procédés à *tous les morceaux* dont il entreprendra l'étude.

L'ÉTUDE DU PIANO

Manuel de l'élève, un volume in-12.

Prix net : 2 fr.

Sorte de traité de *l'art d'étudier* sous forme de *questionnaire* en douze chapitres :

I. — Conseils généraux sur la manière de travailler.
II. — De la nécessité de compter.
III. — Du doigter
IV. — Des exercices.
V. — De quelques difficultés spéciales.
VI. — De l'interprétation des notes de goût.
VII. — De la mémoire musicale.
VIII. — De la lecture musicale.
IX. — De la pédale.
X. — De la manière de vaincre certaines mauvaises habitudes.
XI. — De l'expression. — Interprétation des nuances indiquées.
XII. — De l'expression. — Création des nuances non indiquées.

APPENDICES

Tableau chronologique des plus célèbres clavecinistes depuis le seizième siècle.

Tableau explicatif des principales formes des pièces dans la musique de piano (sonate, concerto, rondeau, fugue, etc., etc.).

Tableau explicatif *des termes italiens* les plus usités en musique.

OUVRAGES POUR

PROGRAMME D'ÉTUDES

DE

L'ASPIRANTE-MAITRESSE DE PIANO

(Sommaire des connaissances pratiques à acquérir. — Manière de les acquérir. — Nomenclature des auteurs et des ouvrages que doit connaître un jeune professeur. — Catalogue restreint d'œuvres classiques et modernes à faire jouer aux élèves de six à seize ans.)

Prix net : **2 fr.**

« Donner à l'enfant, dès le début, des notions absolument justes qui demeurent la base des études ultérieures ; lui faire aimer le piano ; préparer l'avenir. Tel est le rôle du professeur élémentaire. »

H. P.

Tous ces ouvrages se trouvent à Paris

Chez J. HAMELLE (Maison MAHO)	Chez Henri THAUVIN
22, BOULEV. MALESHERBES, 22	36, BOULEV. SAINT-MICHEL, 36

Pour paraître dans le courant de l'année 1889 :

LE CHARME DANS L'EXÉCUTION

I. — Exercices sur les différentes attaques de la touche.
II. — Exercices pour acquérir de la souplesse.
III. — Exercices sur l'interprétation des nuances.
IV. — Exercices pour l'emploi de la pédale.

Note de l'auteur. — Le *Programme d'études de l'aspirante-maîtresse de piano*, ouvrage que je publie aujourd'hui dans le dessein d'être utile à tout débutant dans la carrière de l'enseignement, a été écrit spécialement en vue des élèves qui suivent les cours de l'*École préparatoire au professorat du piano* que j'ai fondée en 1882.

Quelques extraits du compte rendu, dont j'ai donné lecture à la dernière réunion du comité de patronage de l'École, indiqueront suffisamment le but de cette création [1].

COMPTE RENDU DES TRAVAUX DE L'ÉCOLE

(EXTRAITS)

« Venir en aide aux personnes qui, soit par vocation, soit par suite de revers de fortune se destinent au *professorat du piano*.

Mettre à la disposition de ces personnes un enseignement technique et *professionnel* pour lequel, jusqu'à la création de notre école [2], il n'existait point de cours spécial?

Réduire le prix de cet enseignement, de manière qu'il se trouve en rapport avec toutes les situations, à la portée de toutes les bourses.

D'autre part : procurer aux mères de famille qui ne veulent pas s'adresser aux grands professeurs, de bonnes maîtresses de piano pour leurs jeunes enfants.

Élever le niveau de l'enseignement élémentaire, dont l'importance artistique est considérable.

Cet enseignement, qui devrait être l'objet d'un soin

---

1. Ce comité de patronage, dont Mme Érard a bien voulu accepter la présidence d'honneur, se compose d'hommes distingués appartenant à des fonctions et à des opinions très diverses. Le désir d'encourager une œuvre utile les a réunis autour de la fondatrice connue d'eux depuis de longues années.

2. On a créé un grand nombre d'écoles normales d'institutrices. — Pour la musique, notre école a été la première, et elle est encore la seule.

tout particulier puisque, mal dirigé, il compromet l'avenir musical des élèves, est, le plus souvent, livré au hasard des circonstances.

Le *professorat du piano*, s'exerçant sans contrôle, semble être une carrière que l'on peut embrasser sans préparation.

En général, la jeune femme qui se décide à donner des leçons, habile ou non sous le rapport de la virtuosité, *s'improvise* maîtresse de piano. Elle apprend à professer en professant, c'est dire qu'elle n'acquiert une expérience tardive qu'aux dépens des élèves qu'on lui confie.

Il en résulte que, le jour où un professeur de perfectionnement est appelé à terminer l'éducation musicale d'un élève, il est trop souvent obligé de détruire de fond en comble l'enseignement du professeur élémentaire qui aurait dû préparer les voies.

Les jeunes professeurs qui sont formés à notre école essaient de montrer, par leur exemple, les avantages qu'il y a, pour une aspirante-maîtresse, de chercher à acquérir, en dehors et à côté de la virtuosité, les qualités spéciales qui font le professeur : le jugement, la méthode, l'esprit d'observation et d'initiative, l'habitude d'appliquer l'intelligence générale à tout travail technique, enfin, pour tout dire en un mot, *l'art de transmettre clairement et agréablement à d'autres ce que l'on sait soi-même.*

Avant de placer sous vos yeux la situation financière de notre œuvre, je tiens à vous dire, Messieurs, que son succès professionnel paraît désormais assuré.

La première année, vingt-trois élèves ont suivi les cours de l'école; nous en comptons actuellement quarante, dont plusieurs venues exprès de la province où elles retourneront professer.

Sur ces quarante élèves, vingt-cinq donnent des leçons depuis plus ou moins longtemps, douze sont employées par moi-même comme répétitrices de mes propres élèves, **et toutes demeurent à la disposition des familles qui peuvent s'adresser à elles, en toute liberté, et sans que ma direction leur soit, en aucune façon, imposée.** »

« A notre dernière réunion, Messieurs, je me suis fait un devoir de vous expliquer en quoi consiste mon *Cours de pédagogie musicale*.

Au piano, moi-même, tout le temps, j'exécute les morceaux qui sont à l'étude, je les analyse au point de vue spécial de l'enseignement, afin que l'attention de l'aspirante-maîtresse soit éveillée à l'avance non seulement sur les difficultés d'exécution qu'elle aura elle-même à vaincre, mais encore et surtout sur celles auxquelles elles se heurtera lorsqu'elle fera jouer le morceau à des élèves. Je fais entendre, en outre, à chaque séance, un certain nombre de morceaux modernes *de genre*, les jeunes professeurs, pour les besoins mêmes de leur enseignement, devant être tenus au courant des publications nouvelles.

Un mot à présent sur la bibliothèque que nous devons à la générosité des souscripteurs[1]. Sans elle, l'école, telle que je l'entends, ne saurait exister. J'exige que les aspirantes-maîtresses aient étudié elles-mêmes, au point de vue spécial de l'enseignement, la musique qu'elles seront appelées à faire jouer à leurs élèves.

Je désire, en outre, qu'elles connaissent leurs auteurs classiques; qu'elles aient au moins *lu* les

---

1. Le montant des souscriptions est affecté *exclusivement* à des acquisitions de musique dont on peut, en tout temps, constater l'existence et contrôler l'achat.
Pas un centime de ces souscriptions ne passe dans le budget des leçons. La rétribution payée par les élèves, suffisante ou insuffisante, constitue seule l'indemnité allouée aux professeurs.

œuvres qu'elles n'ont point eu le loisir d'étudier en détail.

Où pourraient-elles se procurer toute cette musique? — Aucun abonnement ne fournit les ouvrages d'enseignement tels que méthodes, exercices, études, recueils, etc. Or, personne n'ignore que l'achat de la musique est une forte dépense, surtout dans les proportions que comporte notre programme d'études, et lorsqu'il s'agit d'éditions spéciales.

Notre bibliothèque est *circulante*, afin que chaque élève puisse emporter à domicile et travailler à loisir les morceaux à l'étude. Elle est, de plus, *absolument gratuite*.

Elle se compose actuellement de 677 volumes, tous reliés et portant la griffe de l'école. Elle comprend la presque totalité de l'œuvre des maîtres classiques du piano, et, à *vingt ou vingt-cinq exemplaires*, tous les ouvrages qui font partie de notre programme d'enseignement.

En dehors de la musique achetée avec les deniers de l'école, la bibliothèque s'enrichit, chaque année, de dons individuels.

Avant de terminer, je dois dire que les aspirantes-maîtresses sont, en général, pleines de zèle et d'assiduité. Elles comprennent l'importance du travail qui est exigé d'elles et sont les premières à reconnaître les progrès qu'il leur a fait réaliser dans *l'art d'enseigner*.

Nous sommes heureuses de nous réunir, moi, pour leur dire ce que l'expérience m'a appris, et tâcher de leur aplanir la route souvent ardue du professorat; elles, pour arriver plus vite à leur but, honorable entre tous, celui d'aider leurs familles ou de subvenir à leur propre existence au moyen de leur seul travail personnel.

Plusieurs d'entre elles s'inspirant du sentiment de

fraternité qui a présidé à la création de notre œuvre, pratiquent l'enseignement mutuel dans ce qu'il a de plus élevé, et donnent volontiers des répétitions gratuites à des compagnes moins avancées qui ont momentanément besoin d'un supplément de leçons.

Voilà, Messieurs, ce que j'avais à vous dire.

Veuillez nous conserver cette bienveillance et cette sympathie qui nous sont si précieuses, et puissent, élèves et maîtresse, d'année en année, les mériter davantage. »

Hortense PARENT.

Le Comité, à l'unanimité, a approuvé le compte rendu et félicité Mlle Parent des résultats obtenus. En outre, MM. Léon Lefébure, Georges Gratiot, Alfred de Foville et Antoine Mimerel ont pris connaissance du détail des comptes et en ont constaté l'exactitude et la parfaite régularité.

TABLEAU SYNOPTIQUE

INDIQUANT

l'ordre dans lequel on peut étudier
les divers recueils

D'EXERCICES

compris dans le catalogue qui précède [1].

Bases du mécanisme	Lecture des notes
1re PARTIE	1re PARTIE
Extrêmement facile, à étudier dès la première leçon de piano.	*Clés de sol et de fa,* à étudier dès la première leçon de musique.

concurremment

Bases du mécanisme	Rythme et mesure	Lecture des notes
2e, 3e ET 4e PARTIES	1re PARTIE	1re PARTIE
(*Très fac. et fac.*)	(*Très fac. et fac.*)	*Lecture rapide sur les deux clés.*

concurremment

Bases du mécanisme	Rythme et mesure	Lecture des notes
5e PARTIE	2e PARTIE	1re PARTIE
(*Fac. et moy. diff.*)	(*Moy. diff.*)	OU 2e PARTIE

concurremment

Gammes et Arpèges	Rythme et mesure	Lecture des notes
1re PARTIE	3e PARTIE	2e PARTIE
(*Moy. diff., ass. diff.*) *et diff.*	(*Moy. diff., ass. diff. et diff.*)	(*Tableaux de lecture sur toutes les clés.*)

concurremment

Gammes et Arpèges	Rythme et mesure	Lecture des notes
2e PARTIE	4e PARTIE	3e PARTIE
(*Diff. et très diff.*)	(*Diff. et très diff.*).	(*Transposition.*)

concurremment.

1. Quant aux ouvrages théoriques : *L'Étude du piano* et *La Méthode dans le travail*, ils doivent être lus, relus et appliqués pendant tout le cours de l'éducation musicale.

TABLE DES MATIÈRES

	Pages.
Considérations générales	5
Exposé des principes	17
Principes de pédagogie	19
Principes de virtuosité	39
Note de l'auteur, indiquant l'esprit dans lequel il a conçu et écrit ses ouvrages didactiques	60
Catalogue des ouvrages didactiques de l'auteur	62
Extraits d'un compte rendu concernant l'École préparatoire au professorat du piano	75
Tableau synoptique indiquant l'ordre dans lequel on peut étudier les divers recueils d'exercices compris dans le catalogue qui précède	81

CATALOGUE D'OUVRAGES

POUR L'ENSEIGNEMENT DU PIANO

(Comprenant les trois degrés de force des élèves : primaire, secondaire, supérieur)

Par H. PARENT

Directrice-fondatrice de l'école préparatoire au professorat du piano, officier d'Académie.

Les Bases du Mécanisme, exercices élémentaires pour piano, cinq parties. L'ouvrage complet..................... Prix net	**7**
(Les parties se vendent séparément)	
Gammes et Arpèges pour piano en trois parties. L'ouvrage complet.....	**18**
(Les parties se vendent séparément)	
Rythme et Mesure, exercices pour piano, en quatre parties. L'ouvrage complet......................................net	**10**
(Les parties se vendent séparément)	
Lecture des notes sur toutes les clés, à l'aide d'un procédé basé sur la mémoire des yeux (analogue à l'emploi des *cartes* dans l'étude de la géographie), en trois parties. L'ouvrage complet......................................net	**8**
(Les parties se vendent séparément)	
La Méthode dans le travail, conseils techniques à appliquer à l'étude de tout morceau de piano......................net	**1 5**
Vingt analyses de morceaux classiques pris comme exemples, chaque analyse..........................net	» **5**
L'Étude du piano, manuel de l'élève, un vol. in-12°.....net	**2**
Exposition de ma méthode d'enseignement pour le piano. (Considérations générales. — Exposé de principes) net	**2**
Programme d'études de l'Aspirante-Maîtresse de piano. (Sommaire des connaissances à acquérir. — Manière de les acquérir. — Catalogue restreint d'œuvres classiques et modernes à faire jouer aux élèves de 6 à 16 ans)........net	**2**

DU MÊME AUTEUR

Duetto de la Flûte enchantée, de Mozart, arrangé à deux pianos pour quatre petites mains......................	**6**
Menuet, pour piano.................................	**6**
Quatre mélodies, pour chant et piano...................	

I. — Aspirations (paroles et musique)...............	**5** »	III. — La Violette (paroles et musique).............	**5**
II. — Nuit d'août (paroles de A. DE MUSSET)...............	**5** »	IV. — Le mois de Mai (paroles et musique)..........	**5**

Tous ces ouvrages se trouvent à Paris

Chez J. HAMELLE (Maison MAHO)	Chez HENRI THAUVIN
22, BOULEVARD MALESHERBES, 22	36, BOULEVARD SAINT-MICHEL, 36

PARIS. — IMP. P. MOUILLOT, 13, QUAI VOLTAIRE. — 84490.

www.ingramcontent.com/pod-product-compliance
Lightning Source LLC
LaVergne TN
LVHW050634090426
835512LV00007B/842